守护平安校园　让法治走进课堂

反校园欺凌手册

学生读本

佟丽华◎主编

北京出版集团公司
北京少年儿童出版社

图书在版编目（CIP）数据

反校园欺凌手册：学生读本 / 佟丽华主编. — 北京：北京少年儿童出版社，2017.1
ISBN 978-7-5301-5029-0

Ⅰ. ①反… Ⅱ. ①佟… Ⅲ. ①校园—暴力行为—预防—手册 Ⅳ. ①G474-62

中国版本图书馆CIP数据核字(2017)第008978号

反校园欺凌手册 学生读本
FAN XIAOYUAN QILING SHOUCE
XUESHENG DUBEN
佟丽华 主编
*
北京出版集团公司
北京少年儿童出版社 出版
（北京北三环中路6号）
邮政编码：100120

网址：www.bph.com.cn
北京出版集团公司总发行
新华书店经销
北京时尚印佳彩色印刷有限公司印刷
*
787毫米×1092毫米 16开本 5.5印张 60千字
2017年1月第1版 2017年1月第1次印刷

ISBN 978-7-5301-5029-0
定价：18.80元

致中小学生的一封信

亲爱的同学们，这是我致力未成年人保护工作18年以来，第一次以写信的方式与你们交流。

虽然我与大家并不相熟，但我与大家情感相通。可以向各位同学自我介绍的是，我从1999年开始做未成年人保护工作，在过去18年的岁月里，我是中国未成年人保护事业最坚定的推动者。为了让你们能够有个安全、友好的成长环境，为了让政府、父母及学校尊重、保障你们健康成长，我和我的团队殚精竭虑、兢兢业业。

我们开通热线电话，由专业的律师为那些权益受到侵害的孩子解答咨询；我们安排律师，为那些家庭贫困、需要打官司的孩子提供免费援助；我们开展大量研究，呼吁国家完善未成年人保护的法律政策……你们所了解的《未成年人保护法》是在2006年修订的，修订时最初的草案就是我起草的，在包括《未成年人保护法》等国家法律政策修订的过程中，我为你们的权益大声疾呼；我在电视、报纸等媒体上接受数千次采访。有喜欢中央电视台《今日说法》栏目的学生吗？我可是这个栏目开办以来主讲未成年人权益问题的主要嘉宾。我针对校长、老师、政府官员等开展讲座数百次，利用每次机会呼吁学校、家长、社会要理解、尊重、宽容和保护你们。

尽管我们尚未谋面，但我是你们成长的坚定守护者；我确信由于身心尚未成熟所以你们需要尊重和帮助；我坚信你们是国家、民族的未来和希望；我愿意为优化你们成长的环境继续做出不懈的努力！

让人欣慰的是，社会上越来越多的人关心你们，这是时代的进步。但最近一段时间以来，家长、学校、社会和你们普遍关心的校园欺凌问题，正越来越让我们这些致力未成年人保护工作的人揪心。2016年12月8日深夜，一篇名为《每对母子都是生死之交，我要陪他向校园霸凌说NO！》的文章在微信朋友圈等社交平台流传开来，在这篇文章中，一位母亲讲述了自己的儿子受到校园欺凌的事，再次引发了整个社会对校园欺凌问题的关注。在这前后，我接受了多家媒体的采访，中央电视台《东方时空》栏目在不到10天时间里4次就这一话题采访我。这期间我也接触了大量校园欺凌案件。其中有些让人触目惊心：有学生因多年受到欺凌出现精神疾病，有学生忍无可忍用刀捅死了别人。12月9日，《焦点访谈》栏目再次就一起因校园欺凌导致学生出现精神疾病的案件采访我。每次接受采访，我心情都格外沉重。但让我心情最为沉重的是中央电视台《新闻调查》栏目11月26日播出的《致命的欺凌》那期节目，节目讲述的是2016年6月1日发生的事情。那天对你们来说本该是非常美好的一天，但就在那天早晨，青海一位15岁的少年鹏鹏，因为不堪忍受同学的欺凌，服毒自杀了。

这个案件让人心碎！要想有效解决校园欺凌问题，尽管需要国家、社会、学校和父母的重视，但关键还在于你们，还在于所有中小学生对校园欺凌问题的认识和态度。我认为，校园欺凌本质上是你们在成长过程中一种原始的人际关系处理失当而造成的。如何认识、解决校园欺凌问题，是你们成长过程中必须具备的公民素养。

就校园欺凌，我想和同学们讨论三个话题。

一、校园欺凌的危害及后果

这是我要和同学们讨论的第一个话题。校园欺凌并非一定是严重的暴力行为，一定要有人因此流血或受伤。校园暴力有时可能就是推搡几下、言语威胁几句或者是不经意间略显凶狠的眼神。但要提醒同学们注意的是，以上看似“轻微”的行为，如果是恶意的并且造成了伤害后果，就属于欺凌。绝大多数校园欺凌，对被欺凌者心理造成的伤害远远大于对其身体的伤害。身体的伤害是看得见的，心理的伤害却是无形的，但心理的伤害是真实的，有时是更让人痛苦的、纠结的，也是更难愈合的。所以，同学们，不要忽视欺凌给他人带来的伤害，有些伤害后果远远超出我们的想象。

尽管很痛苦，但我还是希望与大家共同阅读一遍鹏鹏的遗书，这能让我们更真切地体会欺凌带给人的痛苦甚至绝望。

尊敬的老师，敬爱的妈妈，爸爸，亲爱的弟弟，你们的学生，孩子，哥哥，对不住你们，鹏鹏我因受不了几名同学的欺负，所以选择离你们去了！

请父母帮我最后一个忙，替我把小董的40元钱，小龙的120元和小雷的75元钱还了，这就是我的最后一个心愿。

我因在上几（个）星期不小心在“小张”的袜子上踩了一下，所以他让我赔5元钱。又一次他向小何借了3元钱，让我去还，共8块，我一直没还，所以他每星期涨8元，到现在为止共48元。

还有一件事，让我为他们拿饭盒，打开水，洗饭盆，倒洗脸洗脚水。特别是小张，他还让我为他洗头，每天他起床时，让我在他的洗脸盆里倒好水，不让我用热水，如果他发现我用热水洗脸洗脚，就打。

对不起，母亲，对不起，父母，你的儿子对不住你们，望父母不要因为我在端午节难过，望父母工作顺利，望弟弟照顾好爸爸妈妈。

我昨天晚上吃了12片安乃近，吃了之后半夜流鼻血，没死成。对不起！

每次读完这封遗书，我都感觉心灵在震颤。一位15岁的少年，就在绝望中怀着对父母和弟弟的无限眷恋离去了。欺凌者在接受记者采访时承认曾打过他，但说打得并不严重，也承认了曾经让他做打水等一些看似琐碎的事情。但正是这些反复的、无休止的、每次看似都“并不严重”的欺凌，带给鹏鹏的却是屈辱和恐惧，以致不堪忍受，最后选择了自杀。

所以，我首先想与同学们交流的是，校园欺凌看似是同学之间的琐事，但它其实是可怕的，是会把人逼疯、把人逼死的。即使是那些尚未造成严重后果的欺凌言行，也同样粗暴地掠走了其他同学的快乐和幸福，带给他们无尽的烦恼和恐惧。

当然，我想告诉同学们的是，校园欺凌者往往也要为此付出沉重的代价：他们往往被同学们“畏而远之”，因被害怕、讨厌、畏惧而被疏远；有些欺凌者则被不堪忍受、奋起反抗的学生报复，导致自身死伤的严重后果；有些欺凌者被媒体或互联网曝光后长期遭受公众的谴责；有些欺凌者被学校开除以致不得不过早地离开校园；有些欺凌者的父母要为此支付高额的赔偿费用，导致家庭背上沉重的经济包袱；有些则被追究刑事责任，要去度过被限制人身自由的牢狱生活。欺凌是把“双刃剑”，不仅给被欺凌学生带来严重伤害，也必将伤及欺凌者自身。我多次在法庭上、监狱里看到那些痛哭着忏悔的年轻人，但早知今日，何必当初？泪水无法改变让人痛心的后果。

在此，我想鼓励每位同学思考的问题是，自己是否曾经欺负过其他同学？是否参与过校园欺凌？自己的哪些言行给其他同学造成了伤害？难道自己可能成为那个把人逼疯、逼死的校园欺凌者吗？难道自己是那个惹同学们讨厌甚至憎恨的校园欺凌者吗？

二、停止一切形式的校园欺凌

这是我要和你们讨论的第二个话题。知道好坏、明辨是非对一个人的成长至关重要，它会影响你交友，影响你对待学习、生活的态度，影响你在各种情况下处理问题的方式方法。不论是在中小学校讲课，还是在少年犯监狱和未成年犯交流，我都一再强调从小培养你们明辨是非的能力是多么重要。

我们是人，人与动物最大的区别是人有思想、有灵魂、有尊严，我们需要互相尊重、需要团结友爱。恃强凌弱是动物世界的法则，我们在成长的过程中，要接受人类社会的教化，要成为文明社会的一员，要做一个文明的人而不是一个野蛮的人。校园欺凌的本质是恃强凌弱，我们每个同学都要思考和学习的是，如何摈弃这种野蛮的、粗暴的、错误的言行，学会以文明的、友好的方式解决矛盾和冲突。

停止对其他人身体的伤害。从近些年来媒体的报道中，我们看到，有的学生对其他学生拳打脚踢或轮番扇耳光；有的逼迫其他学生自扇耳光、下跪磕头、从胯下爬过；有的拿烟头烫别人掌心等身体部位、用笔尖等尖锐物体刺扎；有的逼迫其他同学把袜子塞进嘴里、用嘴叼黑板擦、吃粉笔末等。这些身体欺凌令人发指，缺乏人性。我们所有同学不仅要鄙视、杜绝上述恶劣的欺凌行为，也要反思、杜绝那些更为常见的、看似并不如此恶劣的如推搡等一般身体欺凌行为。

我们不仅要停止身体欺凌，更要关注言语欺凌。我曾经接到一个中学生的咨询，他说，在学校里，每天有个同学当众走到他面前，在离他的脸有一厘米时，那个同学会对着他的脸骂道："你个狗杂种！"然后再跟旁边的一群人一起哈哈大笑。他现在一闭眼耳朵就嗡嗡地响，想到那些同学嘲笑、侮辱的表情，他就十分痛苦、愤怒！恶毒的语言更像一把无形的刀子，伤害了别人但却不易察觉。我们所有同学要杜绝辱骂、羞辱、嘲弄、恶意中伤他人，给他人起侮辱性绰号等欺凌性质的言行。

孤立、排挤其他同学，这是社交欺凌；勒索、抢夺其他学生的财物，这是财物欺凌；猥亵其他学生的身体或散布其他学生涉及身体的隐私，这是性欺凌；用手机短信、电子邮件、微信等互联网媒介对其他学生侮辱、诽谤、恐吓，这是网络欺凌。同学们，我们要停止一切形式的对其他学生的欺凌行为，这不仅需要勇气，更需要毅力！

我们或许身体更为强壮，我们或许学习成绩更好，我们或许家庭更为富有……我们或许相比其他学生存在某种优势。但如果用这种优势来欺凌其他学生，那就是卑劣的、令人痛恨的；如果这种优势被用来帮助其他学生，那就是伟大的、令人尊重的。停止一切形式的校园欺凌行为，尝试去关心、帮助那些脆弱的同学，培育起团结、友爱、互相尊重的同学关系，这才是我们每个人幸福、快乐人生的开始。

我要鼓励每位同学思考的问题是，自己的哪些言行可能是校园欺凌？如何改掉自己那些可能构成校园欺凌的言行？如何控制自己的情绪和脾气？如何对那些不喜欢的同学有更多的尊重和理解？如何劝告、制止其他同学的校园欺凌行为？

三、每个人都可以有美好的未来

这是我要和你们讨论的第三个话题。不论我们家庭是否贫穷，不论我们身体是否健壮，不论我们学习是否存在障碍，每个同学都可以变得足够强大，都可以有美好的未来，但这需要我们自己去努力和奋斗。

遭受欺凌对一个学生来说是巨大的挫折，但人的一生都会遇到无数挫折。每个人是否强大关键在于他如何面对挫折。如果说有一些人取得了伟大的成就，那不仅是因为这些人聪明智慧，更主要的是这些人经受住了各种失败与挫折的磨炼。韩信年少时忍受胯下之辱，后来成了汉朝开国大将；越王勾践战败后，到吴国为奴三年，忍受各种屈辱，后励精图治，终于复国；乔布斯小时候被亲生父母送养，童年时常常为此苦恼，苦心创建苹果公司后，30岁春风得意之时竟然被昔日的朋友赶下领导岗位，不得不辞职，但他不仅在迪斯尼取得动漫电影的成功，10年后竟然重返苹果公司，创造了苹果公司真正的辉煌。

类似故事不胜枚举，在这儿，我想与同学们分享一个发生在我身边的真实故事：我们多次处理一起断臂童工的案件，也就是不到16周岁孩子外出打工因事故断了胳膊的案件。山东姑娘李景贞14岁外出打工，一个女孩整天加班加点地工作，有时一天要工作16个小时。16岁那年，有一次晚上加班，她已经工作了十几个小时，非常疲倦，一不小心右臂被卷进机器，整个右臂被机器绞掉。一审、二审法院判决雇佣她的小作坊承担责任，但小作坊老板早就逃走了，况且也根本没有财产可以赔偿，这意味着她无法获得任何赔偿。我至今仍记得第一次见到她和她父亲的场景，她在我的办公室号啕大哭。我们为其申诉，幸运的是最高人民法院关注了这个案件，北京市高级人民法院主持调解，由出租房屋的企业赔偿了她20万元。那年李景贞18岁，她重新回老家读初一，重新练习左手写字。她克服种种困难，2012年24岁时参加高考。现在，她已经大学毕业参加工作，以其乐观向上的精神状态开始了自己的新生活。

我们每位同学都可能有自己的烦恼：我们可能因父母外出打工而缺乏父母的关心、爱护；我们可能学习成绩不好或者身体存在残疾；我们可能因遭受来自其他同学的欺凌而感到屈辱和恐惧；我们可能因欺凌其他同学而受到老师和同学的冷落；我们可能不被老师或父母理解甚至经常遭受批评；等等。每个同学成长的过程中都会有烦恼甚至挫折，但相比李景贞，我们绝大多数同学都是幸运的，我们不必那么早就外出打工，我们可以在学校接受教育。想想一个18岁开始学习用左手写字的初一女生的艰难，我们的烦恼甚至挫折算得了什么呢？

我从小在条件落后的农村长大，生活非常艰苦。记得上初一时，需要交3块钱书本费，家里没有钱。现在我都记得，当时我躺在农村的大炕上默默流泪，因为当时家里真的是特别贫穷，后来成长的过程中也曾经历各种苦难。在此，我想和同学们交流的是，所谓困难和挫折，所谓校园欺凌的伤害程度，更多取决于我们对待它的态度。我们恐惧它、畏惧它，视之为洪水猛兽，那它就是洪水猛兽，我们自己就会被吞噬，就会痛苦甚至绝望；我们藐视它、克服它，视之为人生历练，那它就是人生历练，我们就会在克服这种困难和挫折中变得强大。

所以，我要鼓励每一位同学思考的问题是，如何避免遇到校园欺凌？在遇到校园欺凌的时候如何克服？在成长的过程中还有哪些困难和挫折？如何克服这些困难和挫折？同学们，希望你们珍惜当前在校的大好时光。在生命的旅程中，最珍贵的是友谊；而在所有的友谊中，最纯洁、美好的往往是在校期间同学之间的友谊。衷心希望你们都能健康快乐地成长，衷心希望你们能够建设一个更加和谐幸福的未来社会。

佟丽华

北京青少年法律援助与研究中心 主任

2017年1月8日

目 录

第1章 识别欺凌

第2章 欺凌者

第3章　被欺凌者

第4章　不做旁观者

1 识别欺凌

校园欺凌就是发生在学生之间，蓄意或恶意通过肢体、语言及网络等手段，实施欺负、侮辱造成伤害的行为，这种行为，损害了学生的身心健康。

什么是欺凌

小林和小李是同班同学。小林长得比较高大，小李比较瘦弱。平时小林总是欺负小李，小李带到学校的新文具或者父母给的钱很多都被小林强行夺走，如果小李不给，小林就会联合其他同学一起打他。

小娟刚刚转到新的班级，因为朋友较少，小娟不爱说话。一开始班里的小红看不惯她，就怂恿其他同学不理她。后来，只要有人跟她说话，小红和她的朋友就会出来制止。

小李和小娟遇到的就是典型的欺凌。欺凌是发生在学生之间蓄意或恶意通过肢体、语言及网络等手段，实施欺负、侮辱造成伤害的行为。我们平时经常见到的是小林和小李之间的这种情况，包括侵害其他学生的身体和财物，无故殴打其他学生，向其他学生强行索要金钱或者物品等。除此之外，欺凌还可能是通过恶意言语、孤立、散播谣言等方式来实施，诸如给某一学生取绰号、联合其他学生孤立某一学生等，小娟遭遇的就是这种方式的欺凌。

欺凌有哪些具体表现方式

1. 身体欺凌

小怡是一名11岁的女孩，她在班里属于年龄比较小的学生，因而经常受到同学的欺负。一天，同学用木棍横着过肩把小怡的双手绑住，再竖着绑一根木棍，呈十字架形，头上套上塑料袋，然后用粉笔头打她的脸，或用脚踢她。

小怡所遭受的就是别人对她的身体欺凌。身体欺凌是指直接攻击学生的身体，比如通过推搡、抓挠、咬、拳打、脚踢、掐捏等方式给其他同学的身体造成伤害。

思考

平时你有没有和其他同学一起殴打某一个同学？你是否有过被其他同学拽到走廊上、厕所间殴打的经历？

2. 语言欺凌

欣欣担任一段时间的班委后发现，之前和她关系还不错的同学都变了，总以各种理由挤对她。欣欣以为过段时间事情就结束了，大家会接受她担任班干部，没想到一段时间后，这种现象反而愈演愈烈。一天欣欣去厕所时，被同学堵在里面骂到“你学习差还有脸干班委，你真贱！”等特别难听的话。

欣欣在厕所里的遭遇就是语言欺凌。语言欺凌主要是通过语言来对其他同学的心理造成伤害。例如：

◆使用恶意的言语；

◆语言威胁、恐吓；

◆传播谣言和错误的信息；等等。

这也是一种比较常见的欺凌方式，语言欺凌往往给其他同学造成严重心理伤害。

思考

学校生活中，你有没有被同学叫丑八怪？蠢货？傻子？当他们这么叫你的时候，你认为是同学之间相互调侃，还是对方的行为让你感到无助和自卑？

3. 社交欺凌

对受害人并不进行直接面对面的攻击，而是通过联合其他同学，有组织地排斥或孤立受害人来实施欺凌。这种欺凌方式较为复杂，常常是通过群体行动的方式来达到欺凌的目的。这种欺凌方式使被欺凌的学生感到身边没有朋友、孤立无援等。

比如在电视剧《流星花园》里，F4是学校的霸王。如果F4确定某一个人为他们将要打击的对象，就会通过其在学校的地位，让学校所有的学生都远离这个人，也不能给这个人提供任何的帮助，否则提供帮助的学生就会同样遭受打击。F4的这种行为方式就是通过自己在学校中的地位，操纵学校里所有的同学，有组织地排挤和孤立对方。

思考

在学校生活中，是不是存在一群同学聚在一起，然后说“我们大家以后都不要跟某某一起玩”？这种孤立对方的行为其实就是社交欺凌。

4. 财物欺凌

天天借了高年级学姐价值20元的电子宠物机来玩，却将电子宠物机玩坏了。学姐不依不饶，要求天天赔偿。天天赔给学姐20元钱以后，学姐并没有罢休，继续向天天索赔，天天不得已给了学姐20元、50元、100元以及更多。

天天的学姐所实施的就是财物欺凌。财物欺凌主要是破坏、索要学生的财物，比如通过破坏、抢夺，使其他学生交出或购买学习用品、手机、电脑、香烟等，或通过强行索要钱财使其他同学的财产受到损失。

5. 网络欺凌

小青是个初中女孩，因为长得漂亮，遭到了班上女同学小紫的忌妒。后小紫与另一男同学合伙，强迫小青脱光衣服并拍下裸照。随后小紫建了一个微信群，将学校的许多学生都拉入微信群，并将小青的裸体照片放到微信群里。小青的隐私被曝光。小青因忍受不了同学对她的嘲笑和指点，而转离了学校。

小紫通过微信群传播小青裸体照片的行为就是网络欺凌。随着现代技术的发展，欺凌者逐渐开始利用现代化的信息技术，通过社交软件、电子邮件、网络论坛等方式实施欺凌。比较常见的是通过发信息、照片、视频来贬低其他同学，让其他同学蒙羞，然后借由社交网络广泛传播。这种欺凌方式的特点在于传播的广泛性及迅速性。当一个学生在网上发出相关的视频或照片后，这种视频和照片能够迅速传递给其他更多的学生，给受欺凌者造成更大的伤害。

研究资料

广州、中国香港、中国澳门三地同时发布的《穗港澳青少年网络欺凌调查报告》显示，六成穗港澳青少年曾遭网络欺凌。就网络欺凌方式来说，最为常见的是“在网上不断辱骂受害人”，其他的方式包括“公开散播有关受害人的谣言”，“公开散播受害人的图片，或在图片旁加上诽谤文字”。

案例学习

2013年，14岁的英国女孩汉娜·史密斯因不堪网络欺凌而自杀。汉娜在社交网站上注册了个人主页并上传照片，随后在网络上遭到了同学的谩骂。许多人在她的主页留言“你真的很丑”“去死”“太肥了”“得癌症”等等。最终，汉娜因受不了网络欺凌的压力，而在家中上吊自杀。

思考

你在学校生活中，有没有收到“某某某是白痴”的微信等？你有没有在网络上传播虚假的信息，比如“某某很贱”“某某很丑”等。

6. 性欺凌

小水、小木等4名初中男生去网吧上网，碰巧在网吧中看到了同校同学小金，便起了捉弄小金的念头。4人打骂小金，强迫其脱掉裤子露出下体，并用手机拍摄下整个过程。随后，小木等人将这段视频上传至网络。

小禾是某中学初一的学生。一个星期六，小禾应朋友邀请前往龙海市天后宫。谁知到达天后宫后，她却被5名女生欺凌。小禾被5名女生揪住头发，上衣被解开，黑色小背心也被对方拽了下来，一旁还有女生拉扯着小禾的内裤。当日晚上，小禾的裸露照片被发到QQ空间，两个小时内被转发了300多次。

在欺凌方式里面，还有一种属于性欺凌。性欺凌，是通过使用与性相关的语言、动作或者其他方式而使受欺凌者感到害怕、羞耻的欺凌方式。具体欺凌方式可能包括：散播某人性生活谣言，在某人面前讲色情段子或者做手势，通过色情方式公开某人的裸体等。我们看到的新闻都是说女同学被欺负的情况，但是男同学也有可能被欺凌。

案例学习

在《失控的校园》这部电影中，一名男同学总是帮助班上另一名被欺负的男生。后来，班里的同学就开始诬陷两个同学是同性恋，然后强迫这两名男同学发生性关系。这种强迫同学发生性关系的行为就是非常严重的性欺凌。

不容忽视的女生欺凌

可能在一些学生的概念里，欺负别人的人都是班上一些“坏男生”。但事实上，许多女同学也常常欺凌他人。只不过，由于欺凌方式的不同，导致人们更多地关注男生欺凌，而忽略了女生实施的欺凌行为。

案例学习

2015年3月30日，美国南加州私立高中的中国学生小翟，组织数十名学生将学校的另一位中国学生小刘诱骗至公园，并对其进行侮辱、殴打，包括扒光她的衣服，用烟头烫她的乳头，用高跟鞋踢她的头部，强迫她吃地上的沙子，剃掉她的头发并让她吃掉。

一般来说，男同学倾向于通过身体暴力方式来欺负其他同学，即推、踢、打等。这种欺负其他同学的方式很容易给其他同学留下伤痕，所以欺凌显而易见。而女同学的欺凌，除了和男同学一样使用身体欺凌外，还会通过言语或者其他间接的方式来实施。一般来说，女同学会聚集在一起行动，欺凌的方式可能是说班上某个同学的坏话，传播谣言，一致孤立班上的某个同学等。例如，《中国新闻周刊》采访的一名女生说：小学时，班里有一位女生，同学都认为她很“假”。随后，班上多数女生结成派将其孤立，比如故意不带她玩或者在她经过时故意说些难听的话。另外，群体里的女同学为了保证自己不被排挤出群体，会参与传播谣言或者与受害者保持距离，以确保班上大群体能认同她，这是女生欺凌里较为常见的现象。

案例学习

林赛·罗韩主演的电影《贱女孩》中就有女孩欺凌的情况。剧中的Regina在同学眼中可谓是完美女生，走到哪里都有一群小跟班，其他女生对她是既羡慕又害怕。但Regina是非常刻薄的女生，经常在背后说他人坏话、贬低他人，抓住一些小问题不放；对于看不顺眼的女生就纠集其他女生孤立，或者要求男生去欺负那个她看不顺眼的女生。

欺凌与其他几种情形的区别

小刘在学校打球的过程中与聂同学发生口角，继而发生肢体冲突，小刘将聂同学的门牙打落了。聂同学为了出气，纠集校外学生持械殴打小刘，造成小刘“脑外伤综合征”。

在同学之间的相处中，可能会出现与欺凌的行为方式相似的情况，例如，两个人因为在某件事情上不能达成一致，最后以吵架甚至是打架的方式收场。又如，两个关系亲密的好朋友之间互相调侃、开玩笑。那么欺凌与其他情形的区别在何处？

1. 欺凌与冲突

冲突是双方在意见不能达成一致时可能产生的情况。在这种情况下，双方通常是势均力敌的。

比如，两个学生相约打架，双方对于打架这一事件的心态大体相同，或者想借此解决问题，或者想借此分出胜负，并不存在一方会被对方持续欺负的情况。

如果学生间发生冲突，可以通过协商解决。但也有可能导致学生通过一些极端的方式处理，诸如争吵或者诉诸武力。

妥善解决冲突，同学们可以在老师、家长的指导下学习冲突解决方式，进而使问题得到解决。

思考

王同学课间在教室里追逐嬉戏，结果把李同学的手机碰掉在地。李同学要求王同学就自己的行为道歉，但王同学拒绝道歉。随后两人因为此事发生争执，并互相扭打起来。你觉得这种情况是冲突还是欺凌？

2. 欺凌与不礼貌

欺凌行为显示了一方对另一方的不礼貌，但并非所有不礼貌的行为都是欺凌行为。同学们处在世界观和价值观形成的过程中，在此过程中，对于如何与他人相处以及如何表达自身想法和感情，并不是天生知晓的。

在这种情况下，与人相处时就难免会出现不礼貌的相处方式而让其他同学感到不愉快，但并不表示这种行为就是对其他学生的欺凌。

首先，真实表达自身负面想法不是欺凌。我们周围有些同学性格比较直爽，说话很直接，而且通常不会考虑后果。

例如，有的同学会问“为什么你这么胖？”“为什么你成绩这么差？”“为什么你爸妈不管你？”这类言语，可能是对自身真实想法的表达，却使对方在听到这类言语时感到心里不舒服。

但这种使他人不舒服的表达很多情况下并不是欺凌，因为说话者的目的并不是想给对方造成伤害。

思考

在学校生活中，老师、学生的主要精力集中在学习成绩上。但是有些同学并没有太关注自己的学习成绩，而是将精力放在自己感兴趣的事情上，比如制作飞机模型、看时尚杂志等等。你是不是觉得这些学生很另类？你是不是当面批评那些同学，说出诸如“你看你每天做这些没用的东西，到时候好的学校都考不上！”类似的话呢？这是欺凌还是不礼貌？

其次，忽略某一同学可能不是欺凌。在相处过程中，每个人都会因为兴趣爱好的不同而有不同的朋友圈。但每个人的精力和时间是有限的，选择把更多的时间花在某一件事情上或者某一群朋友上就意味着给其他人的时间会变少。比如本来这个朋友和你关系很近，但因为他/她有其他的兴趣爱好而与你相处的时间越来越少。那么，这种情况并不是对方故意把你孤立，不属于欺凌。当你感到自己被忽略时，你需要根据你的性格特点和兴趣爱好选择适合你的朋友圈，注意不要苛求其他同学非得与你非常亲近或总是在一起玩耍。

思考

春游期间，学生人数多而游览的地方比较大。这个时候，老师和学生顾不上所有同学，导致你被忽略了。你一个人游览、吃饭，甚至没有赶上春游回程的班车，你感到内心很难受。这种情况属于欺凌吗？

另外，朋友间开玩笑可能不是欺凌。欺凌和玩笑的区别在于一个同学是不是恶意开某同学的玩笑以及这个玩笑是不是对同学造成了伤害。关系比较密切的朋友可能通过互相取笑对方的方式而达到增进友谊或者是双方都开心的目的。此时，一方没有恶意，双方都觉得是开心的，那这种情况就不是欺凌。例如，关系亲密的朋友会叫对方“笨蛋”，但其实这类言语可能是表示亲昵而没有任何恶意的。

思考

学生时期，可能班上或多或少都会有一些同学戴矫正牙齿的钢箍。如果这个人是你的好朋友，你可能会调侃他/她：钢牙哥/妹。由于与你关系亲密，这种调侃可能反而让他/她开怀大笑。但是，如果是一般同学借着钢牙嘲讽，可能会让他/她感到很尴尬，甚至很受伤害。你觉得应该如何把握开玩笑的分寸呢？

总结思考

想一想，在你周边是否存在欺凌现象？如果有，主要是哪种形式的欺凌？欺凌与同学之间的冲突、不礼貌或恶作剧有什么区别？

勇气加油站

勇气就是一种坚韧；正因为它是一种坚韧，才使我们具有任何形式的自我否定和自我战胜的能力。因而，正是借助于这一点，勇气也多少与德行发生了关系。——［德国］叔本华

一个理性的动物，就应该有充分的果断和勇气，凡是自己应做的事，不应因里面有危险就退缩；当他遇到突发的或可怖的事情，也不应因恐怖而心里慌张，身体发抖，以致不能行动，或者跑开来去躲避。——［英国］约翰·洛克

勇气是人类最重要的一种特质，倘若有了勇气，人类其他的特质自然也就具备了。——［英国］丘吉尔

要坚强，要勇敢，不要让绝望和庸俗的忧愁压倒你，要保持伟大的灵魂在经受苦难时的豁达与平静。——［意大利］亚米契斯

2 欺凌者

在校园欺凌事件中，实施欺凌行为的一方为欺凌者。

你为什么成了欺凌者

1. 家庭影响

初一学生小雨被7名女生拖到宿舍殴打。她们还强迫小雨脱光衣服拍照，并将裸照流传给外界。事后，相关人员联系7名欺凌女生的家长，却没有一名家长给予应答。

相关人员前往其中一名欺凌女生符某家中，但该女生的爷爷对一行人员污言秽语，并做出下流动作，声称小雨是自己脱光衣服让她们拍照的，并叫嚷“你们有本事就把她抓起来！”

研究发现，受到过家庭暴力，或者被忽视的学生会更容易实施欺凌行为。学生会模仿与自己关系密切的人所实施的攻击行为，若父母对自己不管不顾，行为就得不到有效纠止，自己就会把这种攻击和伤害视为理所当然。

研究资料

英国曾经对2232名学生开展过调查，后来发现经历过被侮辱、被虐待或者目睹过家庭暴力的同学，其实施欺凌行为的概率是其他同学的两倍。

2. 曾被欺凌

2013年，常德某小学六年级的兰兰被持续殴打导致脾脏破裂被摘除，在此前她已经遭受了长达两年的校园欺凌，其中欺负兰兰最多的女孩叫小娟。而小娟之前就曾被其他高年级学生欺凌过。被欺凌之后，小娟从一个充满正义感的女生发展成为经常辱骂、脚踹他人的女生。

在长期被欺凌后，被欺凌的同学可能会变成欺凌者。因为受到欺负，自己的自信心和尊严都受到了打击。为了重新树立自己的信心或者力量，或者为了宣泄在欺凌中所遭受的难过、痛苦、自卑等消极情绪，一些同学就选择了欺凌比自己更弱小的人。

3. 本身具有暴力倾向

欺凌者通常具有的特征是好挑衅、爱支配别人、崇尚暴力、易冲动等。这部分学生在与人交往过程中总是希望他人能按照自己的意志行事，如果他人不遵从自己的意愿，就容易对别人“暴力相向”。

4. 拥有某种优势地位

小J是某小学六年级的学生。他是班上的副班长，被班主任授予检查作业和背书的权力。由此，小J利用所拥有的权力，要求班上的学生“进贡”给他。小J从二年级就开始这样的“创收”，先要零食，然后逐步演变成要钱，如果同学们不从，小J就会把对方的作业本撕掉或者扔掉，或者不让对方通过背书，甚至是逼迫学生吃屎喝尿。其他的孩子心里虽有怨言，但是也不得不服从。

与被欺凌者相比，欺凌者在一些方面拥有优势地位。这种优势地位可能是力量比其他同学大，经济水平比其他同学高，学习成绩比较好，等等。当自己在特定方面存在优势后，欺凌者就可能基于此来欺凌相对弱势的同学。

5. 来自同伴的压力

玲玲今年15岁，上初中，近来经常被同桌和前座的两名男生欺负。一天快放学时，两名男生说玲玲拿了他们的书，要她赔钱。放学后，两人带着10多名男生将玲玲堵在门口，用衣服遮住摄像头，又用一件衣服将她蒙住，拽进旁边的杂物室拳打脚踢。当时，玲玲听见有人想上前拉架，那些男生不但不住手，还说谁敢拉架就打谁。“有的男生

不打我，他们就说‘你不打，我们就打你！’”玲玲说。最终10多名男生一起围殴了她，等她拽掉遮在头上的衣服时，还看到有七八个打她的男生。

为了保证自己被同伴接纳，有些同学会在同伴的唆使下欺凌他人，这主要出现在群体欺凌或者情感欺凌中，也就是社交欺凌中。例如，女生甲希望周围同学都把女生乙孤立，其他的女生为了更好地融入女生甲所在的群体中，也会有意识地孤立女生乙。

6. 结识社会不良群体

小郭只有14岁，但是他已经成为老师和同学眼里的“坏学生”了。他结识了社会上的闲散人员，并开始自己“劣迹斑斑的生活”。小郭平时经常逃课、殴打老师和同学，他曾因殴打老师，受到学校留校察看处分。小郭还经常向周围同学勒索钱财，供其上网、吃喝挥霍。一年来，他先后向同学勒索现金近万元。

在一些校门口周围，经常聚集一些社会上的闲散青年，他们会对学生敲诈勒索、收“保护费”、打群架等等，在校学生受到这些闲散青年的不良影响而加入这类群体中，并开始实施类似行为成为欺凌者。

7. 因为“好玩”

四年级女生小华经常逼迫同班的3名女生小洁、小丽、小玉跪在学校厕所门口，如果不从，便对她们拳打脚踢。当问及小华时，她回答道："是呀，是我叫她们跪在厕所旁，挺好玩的，她们都很听我的话，是我的好朋友，我叫她们做什么就做什么。"

很多时候，一些同学仅仅因为好玩而欺凌他人，并没有意识到自己的行为会给他人带来伤害，以及自己的行为所可能产生的法律后果。但事实上，你的行为已经对他人构成了伤害，你已经是欺凌者，而不是那么简单的"好玩"了。

你从欺凌中得到什么

1. 朋友越来越少

如果你一直刻薄、伤害他人，你的朋友迟早会一个个离开你。首先，你原有的朋友，因为你刻薄的言语或者霸道的举动，忍耐到极限后就逐渐离开你。其次，即使你以后不再欺负别人了，那些曾经被你欺负过的人，会始终对你心存芥蒂，和你成为朋友的可能性比较小。

2. 老师、家长眼中的不良少年/女

当你经常在学校欺凌学生，老师或家长会认为你是麻烦制造者。在实际生活中，如果了解你是麻烦制造者后，老师或家长一般的处理情况是对你进行严厉教育，并可能在心里形成一个固定的印象，在以后出现一些恶性事件时，会先入为主地认为你是那个欺负别人的人。而你，可能会因为老师或家长的误解又开始变本加厉地欺负其他同学，逐渐成为一个真正的不良少年/女。

3. 受到学校纪律处分

一般学校都会存在学生纪律处分的规定。实施了欺凌行为的学生经常会受

到学校的警告、严重警告、记过、记大过、留校察看或者开除学籍（高中以上学生）的处分。

案例学习

小吴经常欺负同年级的学生小米，总是在学校放学后，将小米堵在厕所内，并威胁小米交出钱来；如果交不出钱来，小吴就要求小米从他的胯下爬过或者对小米进行殴打。随后，小米妈妈将事情反映给老师，小吴受到了学校的记过处分。

4. 民事责任的承担

受国家刑事责任年龄的限制，可能因为年龄小，你会免于刑事处罚。但是，民事责任不同于刑事责任，不要以为你还没有到法定年龄就不用赔偿。你的欺凌行为如果伤害到其他同学，你或者你的父母需要给予赔偿。

《侵权责任法》和《最高人民法院关于审理人身损害赔偿案件适用法律若干问题的解释》规定，如果行为给其他人造成人身损害的，要承担相应的民事责任。你可能对同班同学进行打击，并使同学受伤，这个时候你就要承担相应的赔偿责任。根据上述法律规定来看，你要赔偿的范围包括受害人遭受人身损害的赔偿项目：医疗费、误工费、护理费、交通费、住宿费、住院伙食补助费、必要的营养费。如果你的欺凌行为致同学残疾，还需要赔偿残疾赔偿金、残疾辅助器具费、被扶养人生活费，以及因康复护理、继续治疗实际发生的必要的康复费、护理费、后续治疗费等。

另外，《最高人民法院关于确定民事侵权精神损害赔偿责任若干问题的解释》规定，如果行为人给他人的人格权利造成伤害，还要进行精神损害赔偿。不要以为你散播其他同学的谣言、诋毁其他同学没有对他人的身体造成损害，就没有关系，你的这些行为如果给其他同学造成心理或者精神上的痛苦，也要承担责任，承担的责任包括停止侵害、恢复名誉、消除影响、赔礼道歉以及赔偿相应的精神损害抚慰金等。

法律链接

人格权利包括：

（一）生命权、健康权、身体权；

（二）姓名权、肖像权、名誉权、荣誉权；

（三）人格尊严权、人身自由权。

案例学习

中学生兰兰在住校期间因不注重个人卫生，而引起同寝室其他女同学“公愤”，5名女学生随即一起打耳光“教育”兰兰，导致其十级伤残。通过法院的处理，打人的女生及其家长对兰兰承担民事赔偿责任。

5. 受到刑事处罚

14岁的海丰女生阿琪和胞妹放学后路过彭湃故居公园门口，被同校的女同学、

16岁的曾某以及其他多名女生拦住后遭到暴力对待，并被拍照录像……很快，这段录像被上传到了网络，引发大量传播。5月19日，两名欺凌学生被海丰警方作出行政拘留处罚。另外3名欺凌学生在家长陪同下到警方投案自首，两名涉嫌参与施暴的女生也被抓获归案。而这5人，与此前两名女生一样被海丰警方处以行政拘留，并被处罚款500元。

2011年12月11日晚9时许，万某、马某等强行将15岁的赵某带往一女生宿舍，并持续殴打赵某约一小时；其间，牛某又唆使在场的10名女生轮番扇赵某耳光。随后，当地派出所介入调查，万某、马某等4人被刑事拘留；万某后被检察院批准逮捕。

《刑法》中有关刑事责任年龄的规定：已满16周岁的人，实施了《中华人民共和国刑法》中规定的罪行，应当承担刑事责任，接受法律的制裁。已满14周岁不满16周岁的人，对9种行为8种罪名承担刑事责任。因此，当你的欺凌行为给受害人造成严重伤害后，你面临的可能是刑法的制裁。即使没有达到刑事责任年龄，也有可能因为违反了《治安管理处罚法》而受到治安处罚。

另外，如果欺凌者因不满16周岁不予刑事处罚的，那么公安机关会责令你的家长对你加以管教；在必要的时候，由政府对你收容教养。

6. 更容易走上犯罪道路

一些研究表明，欺凌行为和刑事犯罪之间存在紧密的联系，成为欺凌者的你更容易实施犯罪。也就是说，如果你现在经常性地实施一些欺凌行为，你以后就可能会触犯我国刑法，你之后的人生有一些时间将在牢狱中度过。

研究资料

瑞典曾经对学生的欺凌行为以及未来的犯罪行为之间的关系做过调查，调查发现：六年级到九年级期间，实施欺凌行为的男孩中，有60%会在24岁之前犯下至少一次刑事罪行。此外，这些欺凌人中，有40%的学生在24岁之前有超过三次刑事犯罪。

如何改变你的欺凌行为

1. 学会控制自己的情绪

如果你很容易因为一件事情愤怒，控制不住自己的情绪并倾向于诉诸暴力，你需要学习如何控制这类情绪。

愤怒是人的情感，对某一事物表示愤怒并没有过错，但如果你将自己的愤怒情绪发泄到同学身上，就是不对的。

在日常生活中，你要注意自己的情绪爆发点。当发现自己要“爆发”时，可以尝试：离开当时的环境或离开让你生气的人，深呼吸并反复默念“暴力解决不了问题”等。

2. 对自己的行为承担责任

在实施欺凌行为后，很少有人会立即承认错误。你可能会通过各种方式弱化自己的行为，比如坚持说自己欺凌别人的行为只是同学之间的玩笑，欺凌行为是由对方挑起的。

但是，不管是什么原因，既然你

实施了欺凌行为，而且你的行为确实对其他同学造成了伤害，你就要承认你的错误行为，承诺承担责任并在以后加以改正。

思考

因同伴的压力，你实施了欺凌行为，随后你把自己的行为归咎为“是他/她让我这么做的”。此时，请思考一下：你是否对事件有独立的判断能力？行为是否在你个人判断之后才实施的？他人没有强迫你实施欺凌行为，为何你还是实施了欺凌？

3. 和家长、老师交流

意识到自己的欺凌行为给他人造成痛苦后，可能你并不知道如何来改变这个局面。比如，你本身的情绪化、控制力强的性格特点可能很难改变。又如，在社交欺凌中，你怕离开了欺凌群体就会因为不合群而被孤立或者遭排挤。当自己不能很好地解决自身的欺凌行为时，你不妨和家长与老师交流，告诉他们你想改变这种情况，请他们提供建议或协助你做出改变。

4. 远离不良群体

在一些情况下，你可能迫于同伴压力而实施欺凌行为，或者结识了一些社会不良青年并受到这部分人的不良影响。在这种情况下，为了防止进一步的欺凌行为，你需要离开这类群体。

5. 培养同理心

简单地说就是将心比心、换位思考，站在另一方的角度和位置来理解对方的内心感受，并将这种感受传达给对方。每个人都有自己的想法和行为方式，但是当你在与他人的沟通过程中，忽视他人的行为而仅考虑自己的感受，就很容易把自己的观点和行为强加在别人身上，会让对方感觉被压制以及情绪低落等。当你在实施欺凌行为的时候，想一下，如果你是被欺凌的那个人，在遭遇到你这样的行为后是什么感受。事实上，有调查表明，经常进行换位思考的人不容易实施不良行为或犯罪。

思考

班上有一位学生，有智力障碍，平时说话总是吞吞吐吐，说不清楚。你看到了这个学生，就会去扔他/她的书包，把他/她的东西藏起来，或者当面嘲笑对方“白痴、弱智”。试想一下，如果你未来意外受伤了，然后周围的同学也这么欺负你、嘲笑你，你是什么心态？你会觉得这很好玩吗？

6. 寻求心理帮助

可能你经常喜欢欺负别人是因为很难控制自己的怒气或者侵略性。此时，你可以寻求学校或校外的心理老师/医生的帮助。这类老师或医生拥有相关领域的专业技能，能够协助你找到合适的控制内心情绪的方式。

当然，你可能担心："如果周围同学发现我去做心理咨询，会不会因此而嘲笑我？"解决的方式可以是，要求心理老师/医生对你的咨询保密，或者通过电话、视频的方式与心理老师联系咨询，你也可以选择远离校区的医院开展咨询。实际上，专业的心理老师/医生都有基本的职业操守，要相信他们一定会为你保密并竭尽所能地帮助你。

总结思考

你是否欺凌过别人？你是否有过欺凌行为而自己尚未察觉？你是否想过欺凌给别的同学带去的痛苦？当你意识到欺凌导致其他同学伤心、恐惧、委屈甚至绝望时，你是否还会欺凌他人?

欺凌是野蛮、粗暴、令人厌恶的行为方式，你有勇气反对一切欺凌行为吗?

勇气加油站

任何人都应该有自尊心、自信心、独立性，不然就是奴才。但自尊不是轻人，自信不是自满，独立不是孤立。——徐特立

只有满怀自信的人，才能在任何地方都怀有自信沉浸在生活中，并实现自己的意志。——[苏联] 高尔基

自信是成功的第一秘诀。——[美国] 爱默生

要有自信，然后全力以赴——假如具有这种观念，任何事情十之八九都能成功。——[美国] 威尔逊

发明家全靠一股了不起的信心支持，才有勇气在不可知的天地中前行。——[法国] 巴尔扎克

3 被欺凌者

建立起个人自信心能够有效防止遭受欺凌。当一个人对自己的优缺点非常了解，并对自己保持自信，就很难成为被欺凌的对象。

谁都可能受到欺凌

首先，我们必须明白，欺凌可能发生在任何时间、任何人身上。即使是你所熟知的一些明星，在他的人生中也可能受到过欺凌。

案例学习

世界著名歌手Taylor Swift，也曾在校园中遭受过欺凌。在谈及学生生涯时，她说到，因为长得不漂亮，周围的学生开始不与她说话。同时，由于她很喜欢乡村音乐，周围同学就认为她的喜好很奇怪，并以此笑话她。

有一些同学，因为他们的身体和心理特点与其他同学不同，所以容易受到欺凌。在一些调查中发现，外表不具有吸引力、身材肥胖、残障或者在学校表现不好的学生更容易受到欺凌。

1. 身体相貌缺陷

（1）残障

因为身体上和心理上的缺陷，残障的同学容易和其他学生区别开来，并且容易遭受欺凌。调查发现，身体残障的学生受到欺凌的概率是一般学生的2倍到3倍。

研究资料

苏格兰自闭症协会对苏格兰100多户家庭的调查显示：38%的自闭症儿童在学校受到欺凌。

（2）长相

长相难看、身材过胖或过瘦的学生也容易受到欺凌。《中国新闻周刊》曾经就欺凌进行过采访和调查，其中有一个采访者表示，他曾经长期欺凌一名男生，而欺凌的原因就是因为该男生身材矮胖，同学们都叫该男生“小胖墩”。他常在午休时把“小胖墩”拉到楼梯拐角打骂，或者故意扔他的书包，往他课桌上洒水。最终，“小胖墩”转学离开了学校。

2. 性取向不同

2015年12月，一位妈妈在微博上通过私信的方式讲述了儿子所受到的欺凌。她儿子和一个男生很要好，两人时常在一起，对方还经常表示要在一起。儿子以为对方也是同性恋，在对方生日的时候给他买了球鞋并告白，谁知对方不喜欢同性并予以回绝。此后，对方将这件事情在学校宣扬，同班的男生便认为儿子很猥琐，经常殴打、辱骂他。

同性恋在中国的接受程度还不是很高，男女同性恋、双性恋、变性人，或者看起来像前述几类的人，他们遭受欺凌的风险比其他性取向的人要大。比如，一些行为方式很女性化的男孩子或者一些很男性化的女孩子都容易受到同学的欺凌。

3. 性格内向，胆小

你可能平时不太爱说话，遇到问题主要是自己沉默应对，当面反抗意识比较弱。在这种情况下，一些欺凌者就看准了你会默默接受欺凌，被欺凌后也不敢告诉老师、家长的特点，便开始肆无忌惮地对你实施欺凌行为。

4. 缺少朋友

你平时独来独往，吃饭、玩耍都是一个人。由于没有很好地融入某一群体，一方面可能被群体内的成员所调侃，认为你很奇怪；另一方面由于缺少朋友，欺凌者会认为即使欺凌你，也不会有人站出来帮助你。

如何避免遭受欺凌

1. 建立自信心

建立起你个人的自信心能有效防止遭受欺凌。当一个人对自己的优缺点非常了解，并对自己保持自信时，就很难成为被欺凌的对象。

在一些情况下，你之所以成为欺凌的对象，是因为欺凌者知道他们的欺凌行为能够让你感到失落、难过，而欺凌者也能够在你的失落情绪中感受到自己的强大和控制力，进而通过欺凌得到自我满足。

但当你非常自信，他人的言语并不会影响你对自己的看法时，欺凌者就会觉得欺负你并不能使自己的优越感得到满足，往往会放弃实施欺凌行为。

2. 主张自己的权利

每个人都有权利受到尊重，都有权利表达自己的观点和感受。在面对欺凌时，你要勇敢地对欺凌行为说“不”。

如果欺凌者在日常行为中表现出对自己的不尊重，你就需要考虑自己与他/她的关系，不要让对方一而再再而三地蔑视你。否则，你可能就慢慢地陷入了被欺凌的境地。

3. 融入一个群体

那些相对孤僻、独来独往的学生总是容易成为欺凌者的目标。此时，为了保护自身免受欺凌，你需要结交一些可以信赖的朋友，融入一个群体中。融入某一群体时，你遭受欺凌的可能性会减小。另外，和几个朋友结伴，可以降低在欺凌多发地被欺凌的概率。

4. 注意欺凌多发地

在校园中或校园周围，总是有一些地方是欺凌多发地。这些地方一般远离成年人的视线，例如空旷的天台、厕所、操场的一角等。为了预防自己遭受欺凌，你需要做到：注意识别这些地点，减少在欺凌多发地停留的时间和次数；在这些地点逗留时，最后有一两个好朋友陪同；或者当有成年人在这些地点附近的时候，你再考虑经过这些地方。

5. 参加自我防御课程

通过参加自我防御课程，你可以通过所学的防御手段来处理正在面临的欺凌，例如学习武术、拳击、跆拳道等可以帮助自己做好防御。另外，这些防御手段不仅使你懂得防御和保护自己，还可以培养自己的自信心和自控能力。

6. 谨慎交友

在校园生活中，每个学生都渴望融入一个群体，或者身边有分享感情、生活的好朋友。但是，在结交朋友过程中，要注意考虑所交朋友的品行。如果对方是个争强好斗、有暴力倾向的男生，最好与对方保持距离；如果对方是尖酸刻薄、爱拉帮结派的女生，那你需要考虑这样的人是否值得结交。

案例学习

2014年4月26日，青青的朋友李思约青青出去玩。青青觉得出去玩的人太多，且自己还需要在家里照看妹妹，就回绝了邀约。27日下午，李思再次上门邀约，青青表示不前往。随后，李思带着几个人破门而入，对青青大打出手。青青说："一直都觉得李思是我的好朋友，但现在感觉她一直在骗我，而且听说她还常常在背后说我坏话！"

7. 向学校倡议预防欺凌项目

学校可能对欺凌行为并没有认识，也没有给予重视，认为校园欺凌行为只是学生之间不成熟的、过分的玩笑。要让老师和学生都开始注意校园欺凌问题并采取措施预防欺凌，就可以向学校提出有关开展预防欺凌项目的建议：如邀请法律、心理、社会学专家就校园欺凌的现象做讲座或说明；宣传校园欺凌的危害；

请学校提供解决欺凌问题的具体措施；建议学校鼓励学生报告欺凌现象等。当整个校园的反欺凌意识增强后，学生、老师就会更好地遏制校园欺凌的不良势头。

正在遭受欺凌，我该怎么办

1. 引起周围人的注意

你可能认为在被欺凌的过程中保持沉默会减少自己的损害，但这实际上是助长了欺凌人的优势地位，进而可能会导致对方一而再再而三地欺凌你。在面对欺凌时，你需要发出声音、喊叫甚至是呼救来引起周围人的注意。

2. 注意逃离路径

很多情况下，你被一个人或一群人围在了一个密闭的空间，仅剩的一个出口被堵死。这时，你仍然需要时刻注意出口，一旦发现机会就立刻通过出口逃离欺凌现场。

需要明确的是，逃离并不是懦弱的表现。当你与对方的力量对比悬殊时，逃离能够保护自己免受身体伤害。另外，寻找机会逃离欺凌现场，也需要勇气和智慧。

3. 给予适当的反击

给予反击是指当权利受到侵害时，受害人为了保护自身的权利而对抗他人的行为。这种行为不同于带有侵略、欺凌性的行为。带有侵略、欺凌性的行为是强迫他人服从以使自己的某种心理或情绪得到满足，而反击是为了保护自己免受他人的侵害。因此，当正在被他人欺凌时，你要进行正当防卫，进行必要的反击以保护自己免受伤害。但是要注意，这种反击不能超出必要的限度，假如一名同学正在威胁你，让你把口袋里的几十块钱交出来，你突然掏出一把刀子捅向他的胸口造成他重伤或死亡，你就属于防卫过当了，需要承担法律责任。

法律链接

正当防卫

《中华人民共和国刑法》第20条：

为了使国家、公共利益、本人或者他人的人身、财产和其他权利免受正在进行的不法侵害，而采取的制止不法侵害的行为，对不法侵害人造成损害的，属于正当防卫，不负刑事责任。

防卫过当

《中华人民共和国刑法》第20条：

正当防卫明显超过必要限度造成重大损害的，应当负刑事责任，但是应当减轻或者免除处罚。

4. 记录下被欺凌过程

将受到欺凌的整个过程通过书面、音频或视频的方式记录下来，可以方便学校、家长查看以了解事件的整个情况。如果是涉及身体或语言欺凌的，可以通过视频或者音频的方式记录；如果是涉及手机、电邮、网络论坛等方式实施欺凌的，可以通过保存文字、图片信息来记录。在学校里，可能存在一些老师将欺凌行为看作同学之间内部的矛盾和冲突，对此不予重视和处理。有了切实的文件、音频或视频的记录，你就能够向学校老师、家长提供更为全面的信息，让他们帮助你做出更好的判断和处理。

5. 寻求同学的帮助

在学校生活中，与其他学生建立良好的友谊非常重要。真正的好朋友，会在你遭受欺凌的时候挺身而出，帮助你向老师或家长求救，或者陪在你身边安慰你、支持你。被欺凌后，你可能会感到害怕和羞耻，自信心受到了打击，且一直陷入消极的情绪中而无法自拔。如果你向朋友倾诉遭遇，一方面可以通过倾诉行为本身而使自身的消极情绪得以缓解；另一方面，朋友的积极鼓励，也能让你明白自己并非一无是处、孤立无援。

6. 寻求家长的帮助

你可能会认为，告诉家长无济于事，他们不能帮助你改善被欺凌的状况。你可能还会认为，向家长寻求帮助就意味着自己在寻求支援，表明自己很弱小以及不能自我解决在学校的困境。但事实上，家长可以在许多方面协助你解决被欺凌的问题。首先，家长能够与你共同分析你被欺凌的状况，找出处理欺凌的正确方式，并帮助你建立自信。其次，家长也可以帮助你与学校沟通。家长可以与老师见面，向老师讲述你的遭遇并与老师共同寻求解决办法，也会向学校要求加强在校学生的安全。

7. 寻求老师或学校的帮助

可能有很多老师会把欺凌认为是学生之间的玩笑而草草处理。如果面对这种老师，即使你报告自己遭受欺负的事实，可能老师或学校也不会有进一步的处理，而且欺凌你的同学会变本加厉，威胁“如果敢报告老师，我就要你好看！”之类的话。为了保证自己免受进一步伤害，你需要首先了解学校对于欺凌的态度。关注学校有没有校园欺凌的规定，或者是否开展过有关防治校园欺凌的行动。如果有，那么就把自己受到欺凌的情况告诉老师；如果没有，就可以到教育行政部门反映情况，督促学校及时、妥善地处理。

案例学习

在电影《失控的校园》中，男孩的母亲发现自己孩子的身上总是青一块紫一块，便打电话向学校老师反映孩子被欺负了。

结果，学校没有科学地处理了解，使得欺凌者发现了这一报告行为，从而更凶狠地欺负男孩。

案例学习

小吴是初一的学生，同年级的小古经常敲诈小吴。如果小吴身上没有钱，小古就拿出木棍相要挟，勒令小吴从自己的胯下爬过。随后，小吴精神恍惚并离家出走。小吴离家出走后，小吴的家长和学校老师才明白其出走的缘由，并着手调查解决。在小吴被欺凌的这段时间，小吴并没有和家长与老师沟通，导致家长在小吴出走后说道："当时我们也并没怎么在意，因为孩子平时是有点皮，说不准是被老师批评了。没想到，第二天放学之后，竟然不见了人影。"学校老师也表示："学生离家出走之后，我们也不知道原因，平时的勒索、殴打事件，学生也没向班主任或者学校其他老师反映过，所以学校事先一点也不知情。"

事实上，小吴出走事件发生后，家长和学校就开始密切配合，并找来相关同学调查情况，而学校也就相关欺凌事件在校园网站上贴出了应急预案，预案指出："需当事人随机应付，采取灵活的方式，向学校政教处负责人汇报，应急时可打报警电话"。

8. 寻求司法机关的帮助

除了通过学校或老师来帮助你免受欺凌外，在你的身体遭受重创、精神压力特别大或者财产遭受严重损失后，你可以寻求警察的帮助。因为，此时欺凌者的严重欺凌行为可能已经涉嫌违反《治安管理处罚法》和《刑法》相关规定，你可以通过报案让欺凌者受到应有的惩处。

9. 利用媒体

在自己受到欺凌后，你可能与同学、学校或者家长都进行了交流，但是问题仍然没有得到解决。此时，你可以尝试通过社交网络平台将自己受欺凌的情况曝光。这种做法能够让事件引起社会公众的注意，进而给学校和家长施压，促使学校和家长认真对待欺凌行为，使你得到保护。

案例学习

安徽省黄山市田家炳实验中学的一名高三女生，因为自己是同性恋而遭班上同学欺凌，其中的3名男同学还通过下春药的方式来欺侮该女生。面对这种情况，女生发布长篇微博，披露了整个情况，并引起了社会的广泛关注。黄山市公安局介入其中，并通过微博表示：涉事同学已向当事人道歉并取得谅解，学校将根据校规对涉事学生做进一步严肃处理。

10. 遭受欺凌后，我不能做什么？

（1）报复

报复的想法来自自己受到欺负，感到自己很无助和弱小的情形。为了弱化这种感觉，你诉诸直接的打击报复。但是，报复只会让事情变得更加复杂。首先，你也变成了一个欺凌者。作为一个欺凌者，你可能会被同学、老师认为是麻烦制造者。另外，报复后，你面临的可能是对方更严重的欺凌行为，进而使你的处境进一步恶化。

案例学习

深圳某学校的初二学生小潘因为同班同学小林平时“很跩”，“排队喜欢插队”，看他非常不顺眼，因此在一天早晨与几名同学相约在教室角落教训了小林一顿。到了下午第一节体育课，有同学在操场提议再次教训小林，因为“上午打的时候(小林)没有还手，他们觉得这样没意思。”该提议得到大家同意。小潘于是把小林拉到一边，直接“飞腿”踹到小林身上，旁边的四五名同学见状也一哄而上。没想到这次小林有备而来，从口袋里掏出了一把弹簧刀，争抢中3名同学被刺伤。

案例学习

王某是北京某技工学校的住宿生。在学校生活中，王某常常被班上同学李某欺负，或者被殴打或者被骂。后来，王某忍无可忍，跑到学校周边的菜市场购买了一把水果刀，并在第二天拿出水果刀将李某扎伤。经鉴定，李某受重伤，王某则因故意伤害而被检察院提起公诉。案件中，王某的报复行为可能导致自己面临刑事处罚。

（2）欺凌别人

在受到欺凌后，你可能转而欺凌比你更加弱小的人，以宣泄自己所遭受的欺凌。之所以这样做，是因为你被欺凌并感到自己很受伤、很弱小，自信心受到严重打击。因此，你希望通过欺负更弱小的人以显示自己的强大，获取自信心。但是，这种处理方式无益于欺凌的解决，反而使欺凌变成了一种恶性循环。将被欺凌的状态转化为欺凌他人的状态，可能导致你也面临同欺凌者一样的风险，即受到学校纪律处分甚至触犯国家法律等。

研究资料

在2015年对广东东莞某中学的调查中，一名初三男生被问及为何欺负别人时，男生说道："我欺负那些人算什么，你不知道我以前被欺负成什么样。"该男生读初一时，几乎每星期都会被高年级的同学拉到厕所脱裤子，也会被勒索要钱。升入初三后，他便将自己的遭遇应用到别人身上，转变为一个欺凌者。

（3）保持沉默

被欺凌的经历通常是让人难受的、痛苦的、受辱的经历。出于羞耻，害怕欺凌行为继续发生在自己身上，害怕被贴上告密者的标签，被欺凌者会通过沉默的方式忍受所受到的欺凌。

但事实上，你的这种沉默的方式可能会导致欺凌者有恃无恐，进而继续实施欺凌行为。事实上，朋友、家长和学校的适当介入才有可能终结你所遭受的欺凌。

案例学习

12岁的小远读小学六年级，一年前，他认识了几个初中生朋友，后来这几个人开始用各种理由向小远要钱，不给钱就打，也不允许他告诉家长和老师，不然就断他手指或者砍死他。数月之后，小远的父母和老师才知道此事。在这几个月期间，小远都是向同学们借钱交给这几名高年级学生。

案例学习

13岁的小兰上初中一年级，矮小瘦弱，平时不太与同学说话。曾经有同学向老师反映，有人欺负小兰，但是班主任没有当回事。一天，小兰自己找到班主任，说自己的鞋子被扔了。老师问怎么回事，小兰沉默不语。老师回复说："知道了，你在别的地方再找找。"几天后，小兰在寝室里被几名同学殴打致伤，学校直到7天后才获知此事。据学生家长说，学校里经常发生学生打人的事情，每年都有几名学生因此而退学。而学生之间已经学会互相隐瞒，谁都不肯告诉学校，因为"告诉了也没有用"，只会招来更加严重的暴力殴打。

（4）消极对待自己

欺凌是持续的、重复性行为。在被反复欺凌之后，被欺凌者开始认同欺凌者的言语，进而用欺凌者的负面言语来定义自己。例如，欺凌者经常反复对被欺凌者说"你就是一堆垃圾"，久而久之，被欺凌者的自尊心可能受到了严重伤害，并开始认为自己就是没用的人，认为自己活该受到欺凌。

研究资料

2014年英国国家儿童发展研究中心的数据显示：50年的追踪调查发现，在学生时代经常受欺凌的学生，在45岁时会有更大的抑郁、交流和自杀风险。

案例学习

13岁的初中二年级学生小航，生活在一个单亲家庭，父亲常年在外打工，他跟祖父母一起生活。小航在学校里老是被几个高年级学生欺负，他们每天还向他要几元钱买吃的，并威胁他不要告诉任何人，否则就打他。小航自己身单力薄，父亲又常年在外打工，只有忍气吞声，不敢告诉任何人。在一个星期天，想到次日去学校又要遭受同学的欺负和勒索，小航只好选择出走，所幸后来小航被父亲找到接回家中。老师说小航的性格有些内向，平时在学校从不生事，从未听他讲被同学欺负的事情。

（5）自残或者自杀行为

遭受欺凌后，你容易产生失落、自卑等心理。在这种心理的驱使下，你可能会变得悲观厌世，不想去学校读书，或者想把自己关在屋子里自残甚至是自杀，但这无助于问题的解决，反而会进一步加深对你自己的伤害。

研究资料

2008年度美国华盛顿州青年健康调查显示：受到欺凌的高一学生中，有1/3的受害者在过去的一年内试图自杀。

研究学习

2012年5月10日下午，长安镇某小学最后一节课下课后，五年级八班的男孩小名从教室内最前面的一扇窗口纵身跳下。因抢救及时，小名性命得以挽救，但其左手粉碎性骨折，脾也被切除了1/3。小名醒来后，对于跳楼的原因这样说道：“班上的几个男同学，有事没事下课后就过来打我。”“昨天下午，下课后，几个同学又过来欺负我，我不想再忍了，所以跳楼。”

总结思考

你是否有遭受欺凌的行为？结合本书介绍的预防欺凌的方法，在遭受欺凌时你应该如何保护自己?

免遭欺凌的关键是让自己强大，你有勇气让自己变得强大吗？比如，更加努力地学习让自己成绩优秀，坚持锻炼身体让自己身体健壮，性格开朗让自己结交更多朋友?

人生最大的挑战不是改变别人，而是改变自己。只要你有勇气改变自己，让自己变得更加强大，你就不仅能免遭欺凌，还会有更加幸福美好的未来。

制订一份让自己变得强大的人生规划吧。

勇气加油站

我愿独立自主和照自己的意思过生活；凡是我自己需要的，我欣然接受，我不需要的，我就决不希求。——[苏联] 车尔尼雪夫斯基

独立思考能力，对于从事科学研究或其他任何工作，都是十分必要的。在历史上，任何科学上的重大发明创造，都是由于发明者充分发挥了这种独创精神。——华罗庚

从根本上说，只有我们独立自主的思索，才真正具有真理和生命。因为，唯有它们才是我们反复领悟的东西。他人的思想就像别人餐桌上的残羹，就像陌生客人挪下的衣衫。——[德国] 叔本华

4 不做旁观者

当欺凌行为发生时，你选择了旁观，或者默默离开而任由欺凌继续发生。如果你注意到了欺凌，但却没有采取任何方式制止，那么你就是旁观者。

为什么你成了旁观者

1. 害怕欺凌行为发生在自己身上

你对正在发生的欺凌行为保持沉默，因为你害怕自己出面制止的行为可能会导致自己受到伤害，或者成为下一个被欺凌的对象。在这种情况下，选择沉默成为你自保的方式。

2. 来自同伴的压力

除了害怕遭到欺凌外，还有一种可能，是你渴望融入一个群体，因而对于正在发生的欺凌行为保持沉默。在社交欺凌中，欺凌者通过孤立被欺凌者从而达到欺凌的目的，而这种欺凌方式，没有周围同伴和同学的配合是无法实施的。此时，当你渴望融入欺凌者所属的群体，就会对欺凌者的欺凌行为持消极沉默的态度。

3. 不知道如何处理

你在看到欺凌行为时，内心深处会意识到这种行为是错误的，但你不知道该如何处理这种情形，不确定自己能否有效制止欺凌行为，抑或是加重欺凌行为，或者可能自己并不了解整个事件的前因后果，盲目处理可能是帮倒忙。在这种情况下，你也可能选择了保持沉默。

4. 家长、学校消极处理

由于一些学校、家长本身对欺凌行为认识不清，无法区别欺凌行为和一般学生打闹、冲突的区别，就会将欺凌行为归为同学之间的问题，而不会过于干涉欺凌现象。而学校、家长的这种消极处理方式对你产生了影响，致使你对校园中的欺凌行为也采取了消极应对的态度。

5. 认为这件事与自己无关

你的学校、老师和父母有可能会教育你，在出现冲突或者发现他人不良行为的时候，不要加入其中。这种说法对于遏制同学之间的对抗、打架情形，并防止情况的进一步恶化可能会有一定的效力。但这种不作为的方式可能并不能有效改善你身边的欺凌现象。因为在欺凌中，被欺凌者始终处于弱势的地位，如果没有人制止欺凌行为，被欺凌者将会一直被欺凌。

6. 责任已被分散

当周围有一群人注意到欺凌行为时，你可能会产生的想法是，有那么多人都看见了，应该会有其他的人制止这种行为，或者已经有其他同学联系老师、家长了，我不需要再做什么……在这种想法的作用下，你介入欺凌行为的概率在很大程度上会降低。也就是说，当在场的旁观人数越多，你帮助被欺凌者的可能性就越小。

案例学习

1964年在美国发生的一起凶杀案反映了这种情况。受害人名叫Kitty Genovese，她被罪犯连刺几刀后死亡，随后又被罪犯奸尸。案发时，有38名旁观者目睹了这一过程，却没有人采取任何措施向受害人施以援手。

你知道旁观的后果吗

1. 助长欺凌行为

一些情况下，欺凌行为的发生是由于欺凌者希望获得群体或社会认同，此时他们需要观众以证明他/她的力量。加拿大的研究显示，在游戏场所和教室中发生的欺凌事件中，85%的欺凌事件是有旁观者在场的。

当欺凌发生时，周围围满了学生，而如果你只是站在一边观看整个欺凌行为而不采取任何行动，欺凌者就变得越来越胆大，采取的行动可能越来越极端。

案例学习

一段“景德镇女中学生在教室被其他女同学殴打”的视频在网上疯传，引起了广大网友的关注。从视频中可以看到，被打女生站在教室第一排，先是被黑衣女生打了一巴掌。随后被打女生往前走了一步，一白衣女子随即上前连打对方三巴掌后，再踢两脚，女生被踢至教室中间。其间，白衣女子仍不依不饶地掌掴该女生，并用手指着对方。整个画面中，有多位女学生坐在教室内，但都未有人上前阻拦。有人持观望态度，有人仍一心一意写着作业。

15岁女孩小佳、小妮在校期间，被同班4个女生拖至另外一间寝室，“惩罚”了3个多小时。其间她们俩不仅被罚站军姿、下跪，还被掌掴，最后还遭遇“拍裸照”的威胁。事发当晚，寝室里还有6名同学，没有一个向老师汇报。在厕所被惩罚的3个多小时里，前后有多名同学来围观，有的甚至还嘲笑，自始至终也无人向老师报告。

2. 自己产生消极情绪

目击了欺凌行为后，你可能会产生焦虑。首先，你担心自己可能成为下一个目标，并开始考虑自己在这个学校内是否能够安全地学习下去。而这种担忧，又会影响你生活的各个方面，比如学习上会很难集中注意力，遇到一些冲突情况时就开始心惊胆战，等等。

其次，你可能会对被欺凌的同学产生愧疚，从而产生消极悲观的情绪。你可能会想，你和被欺凌的同学关系也还不错，他/她还曾经帮助过你，可是现在他/她遇到麻烦了，你却假装什么都没看见，甚至还和别人一起欺负他/她。“我太没用了，我是个胆小鬼……”这样的情绪可能会让你非常自责，令你自卑和痛苦。

你该如何行动

1. 不要加入或者取笑

在欺凌行为发生时，一些学生可能会加入欺凌行为中或者调侃、嘲笑被欺凌者。比如，当欺凌者针对被欺凌者的弱点予以嘲笑时，你会对被欺凌者的弱点给予确认，并在之后就此嘲笑被欺凌者。此时，你事实上扩大了欺凌者欺凌的效果，并给被欺凌者造成了进一步的伤害。

案例学习

2013年1月16日，一段标题为"'实拍'贵州台江县初中女生被女同学逼至墙角暴力围殴"的视频在各大网站传播开来。视频长达8分钟，视频中的粉衣女生被两名同学轮番殴打，被扇耳光或者拳打脚踢，而粉衣女生一直哭泣，没有做任何反抗。

其中，有20多名男女生围观了整个情况，但却无一人上前制止。一些旁观者取笑被殴女生，并有声音"我在看人家打架"。旁观者的这种行为完全助长了欺凌者的欺凌行为，两名同学挥舞双手朝粉衣女生乱打一气。

2. 制止欺凌

在一些欺凌下，如果欺凌行为在群体中没有达到期望的效果，欺凌者就可能停止欺凌。例如，欺凌者想通过欺凌树立自己在群体中的地位，或者想通过欺凌让你随声附和。此时，如果周围有一个、两个或者是更多的人对欺凌者的行为表示不赞同，欺凌行为就可能终止。

所以，你可以尝试在欺凌行为发生时，对欺凌行为表示否定，并上前制止欺凌行为。

另外，由于欺凌者在力量或者其他方面占有优势，单凭你一个人制止可能并不能有效遏制欺凌。这时，你可以和几个同样不满意欺凌行为的朋友相互沟通，共同站出来遏制欺凌行为。

案例学习

新西兰的一项研究发现，32%的学生确实会保护欺凌的被欺凌者，22%的学生会将欺凌报告老师并从老师处获得帮助。

3. 求助家长、老师或其他成年人

有时你上前制止，可能并不能有效终止欺凌行为，而且还有可能面临一起被欺凌的风险。这个时候，你需要保持冷静，离开现场，并去寻找能够有效制止欺凌行为的成年人。很多情况下，学校老师或者警车的出现，都可能制止欺凌行为的继续发生。所以，你不妨向成年人或者警察求助，这一方面可以防止自己被欺凌，另一方面又能有效制止欺凌行为。

有些人可能会指责你向老师、家长报告的行为，认为你这是在“打小报告”，是告密者；也可能有人会认为你太懦弱，遇到事情只会找老师。在此，你一定要明确，你是对的，他们才是做错的一方，告诉老师和家长一点都不丢人。任何人都必须遵守规则，当事情超出了你能解决的范围，你一定要求助相对中立的第三方来解决双方的矛盾纠纷。欺凌行为本身就是错误的，当这种行为违反了学校、社会的规则，甚至超越了法律的边界，必须受到制止，欺凌者也应当为他们犯下的错误承担责任。

4. 打电话或者发短信寻求帮助

现在，手机已经非常普及，许多学生都有手机。为了避免与欺凌者发生直接冲突，你可以通过发短信或打电话的方式向老师求助。为了让寻求帮助更加便捷，你还可以要求学校开通相关的帮助专线，以使你能快速联系到老师。

5. 保障自身安全

你的制止行为可以有效地终止欺凌。但是，你在采取行动时，要首先确保自身安全，尤其当欺凌行为是暴力行为时更要注意这一点。在这种情况下，你首先要对自己的能力进行评估后再采取相应的制止行为：当你的能力足以当场遏制欺凌者的行为时，就可以挺身而出；当你的挺身而出可能导致自身也变成受害者，那么你可以选择离开现场并告知相关老师、家长或警察等。

另外，在通过间接方式阻止欺凌的过程中，你还需要考虑自己是否会因为制止行为而受到欺凌者的报复。所以，在通知老师或其他人员时，你要注意保护自身，比如你可以通过匿名的方式告知老师或者其他成年人，或者在告诉老师时提醒老师不要透露自己的个人信息以免受到报复。

6. 不要泄气

有时，旁观者将欺凌行为报告给相关老师、家长或警察后，相关方并没有采取措施制止欺凌行为。此时，你可能觉得你的行为并没有效果，继而不愿再求助于这些相关方。面对这种情况，请不要泄气，你仍然要将遇到的欺凌行为告知相关方。尽管老师、学校管理者或者其他相关方没有采取任何措施，但可能已经开始考虑欺凌这一问题。而随着旁观者报告次数的增加，他们可能会将校园的欺凌行为告知教育部门，并着手研究制止该类行为的对策。

7. 与被欺凌者沟通交流

被欺凌者受到欺凌后，自尊心会受到打击，会感到羞耻、失落等。此时，作为她/他的朋友，你可以表示你的关心，在被欺凌者需要倾诉的时候，你可以做一个忠实的听众并提供适当的建议。另外，不要试图点出他人遭受欺凌的原因或者缺陷，因为欺凌行为已经伤害了被欺凌者的自尊心，如果你一味地指出被欺凌者的缺陷，无益于缓解他/她的悲观情绪。

总结思考

你是否旁观过同学间的欺凌行为？有的在面对发生在其他同学身上的欺凌无动于衷，有的幸灾乐祸，有的紧张恐惧，你会是怎样的心态呢?

旁观就是纵容。当发现欺凌行为时，或者劝告制止，或者及时报告老师或家长，你有勇气加入反对校园欺凌的行列吗?

勇气加油站

人总是要犯错误、受挫折、伤脑筋的，不过决不能停滞不前；应该完成的任务，即使为它牺牲生命，也要完成。社会之河的圣水就是因为被一股永不停滞的激流推动向前才得以保持洁净。这意味着河岸偶尔也会被冲垮，短时间造成损失，可是如果怕河堤溃决，便设法永远堵死这股激流，那只会招致停滞和死亡。——［印度］泰戈尔

对那些有自信心而不介意于暂时成败的人，没有所谓失败！对怀着百折不挠的坚定意志的人，没有所谓失败！对别人放手，而他仍然坚持；别人后退，而他仍然前冲的人，没有所谓失败！对每次跌倒，而立刻站起来；每次坠地，反会像皮球一样跳得更高的人，没有所谓失败！——［法国］雨果

要记住！情况越严重，越困难，就越需要坚定、积极、果敢，而越无为就越有害。——［俄国］列夫·托尔斯泰